AF224345

Prière de relier, les pages 7, 8, 9
10, 13, 14, ont été construites et
envoyées le 6 janvier 1896.

Baringer

CONFÉRENCES

PUBLIQUES

DE PÉRIGUEUX.

M. MAGNE,

AGRÉGÉ DE L'UNIVERSITÉ, PROFESSEUR DE RHÉTORIQUE AU LYCÉE.

LE POÈTE RONSARD.

PÉRIGUEUX

CHEZ J. BOUNET, IMPRIMEUR-LIBRAIRE,

Cours Michel-Montaigne, 24.

1868.

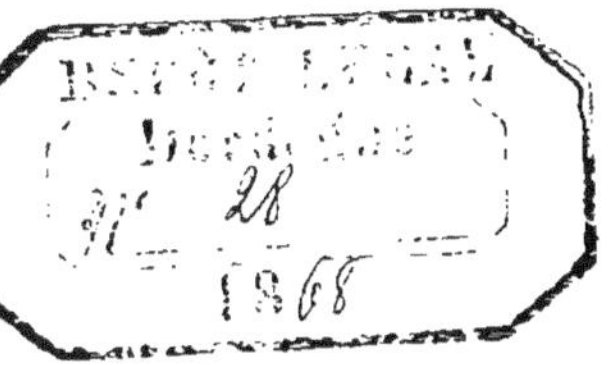

CONFÉRENCES PUBLIQUES

DE PÉRIGUEUX.

LE POÈTE RONSARD.

MESDAMES, MESSIEURS,

Deux souveraines se disputent le gouvernement intellectuel du monde : l'une s'appelle la mode, l'autre se nomme la vérité.

Au seizième siècle, la mode fit le triomphe passager de Ronsard ; depuis le seizième siècle, la vérité garde la gloire durable de Montaigne.

Ordre, clarté, mesure, sont les caractères de l'esprit et de la langue de notre pays ; nous ne les trouvons pas tous encore, au siècle de Montaigne et de Ronsard, mais déjà le langage de la prose les y montre mieux que celui de la poésie.

C'est ce que je voudrais avoir le temps d'expliquer en suivant Ronsard dans son éclat, Montaigne dans sa lumière.

Avant d'aborder, si je le puis quelque jour, le grand prosateur du seizième siècle, j'essaie en ce moment de retrouver le poëte fameux de ce siècle de l'érudition et des arts.

I.

DIVERS JUGEMENTS SUR RONSARD.

Dans l'épisode historique du premier chant de l'*Art poétique*, après avoir désigné Marot en quatre vers qui ne sont pas exempts d'erreurs, Boileau parle ainsi de Ronsard :

Ronsard qui le suivit, par une autre méthode,
Réglant tout, brouilla tout, fit un art à sa mode,
Et toutefois longtemps eut un heureux destin.
Mais sa muse en français parlant grec et latin,
Vit dans l'âge suivant par un retour grotesque,
Tomber de ses grands mots le faste pédantesque.

Arrêt tranchant qui ressemble plus à une exécution qu'à un jugement. O poëtes, race irritable, suivant le mot d'Horace ! Boileau décide comme avait décidé Malherbe. La question pour eux n'était plus pendante. Sans doute Malherbe, qui biffa tout Ronsard, avait été, jusqu'à un certain point, un modèle et un maître ; Boileau fut encore plus l'un et l'autre ; mais l'aristarque bas-normand, et le législateur sorti du greffe de la grand'chambre ont écarté trop vite les pièces d'un procès que devaient réviser de nos jours des critiques éminents, trop vite rendu la dure sentence que, dès l'année 1711, réformait en partie l'illustre auteur de la *Lettre sur les occupations de l'Académie française.*

Au paragraphe intitulé : *Projet de poétique*, Fénelon s'exprime ainsi : « Ronsard avait trop entre-
» pris tout-à-coup. Il avait forcé notre langue par
» des inversions, trop hardies et obscures ; c'était
» un langage cru et informe. Il y ajoutait trop de
» mots composés qui n'étaient point encore intro-
» duits dans le commerce de la nation... Il n'a-
» vait pas tort, ce me semble, de tenter quelque
» nouvelle route pour enrichir notre langue, pour
» enhardir notre poésie, et pour dénouer notre
» versification naissante. » C'est un jugement plus doux.

Fénelon ajoutait : « L'excès choquant de Ron-
» sard nous a un peu jetés dans l'extrémité oppo-
» sée ; on a un peu appauvri, desséché et gêné
» notre langue. »

Est-ce pour cette raison qu'un souverain du XVIIIe siècle, le seul qui, depuis Ronsard, ait obtenu, de son vivant, une aussi bruyante renom-mée, traita notre langue de « gueuse fière. » ? Coquetterie de roi.

II.

SUPÉRIORITÉ DE LA PROSE SUR LA POÉSIE.

Le roi Voltaire a laissé notre langue fière, soit ; mais pas si gueuse, surtout en prose. Comme dis-cipline et comme frein, la prose convenait mieux à notre génie national que la poésie ; ce qui ne si-gnifie pas que notre prose manque de couleur poétique, et que la France n'ait pas eu de grands poëtes. Seulement, jusqu'au XVIIe siècle, où la poésie et la prose marchent d'un pas égal, c'est la prose qui tient chez nous le premier rang. Et, en effet, au XIIIe siècle, figure Joinville, plus avancé que Thibaut de Champagne ; au XIVe, Froissart, dont les *Chroniques* aux vives couleurs éclipsent le *Roman de la rose* ; au XVe, Philippe de Commines, qui par ses *Mémoires* où le sens des choses apparaît, où la philosophie de l'histoire semble poindre, honore encore plus le génie de la nation, que Villon lui-même par ses *Ballades*, pourtant si françaises ; enfin au XVIe siècle, après d'autres dans l'ordre des temps, et dans l'ordre de mérite avant d'autres qui ne sont cependant pas médiocres, puisque l'un d'eux s'appelle Rabelais, nous saluons Montaigne, dont les immortels *Essais* ont bien autrement de portée que les tentatives les plus généreuses de Ronsard.

III.

LA POÉSIE LÉGÈRE ET LES GENRES ÉLEVÉS.

Il est vrai que dans la première moitié du XVIe siècle, Marot se faisait une place à part, et que l'enjouement raisonnable, l'*élégant badinage* de ce « Villon embelli » devançait assez heureusement les poëtes du XVIIe siècle, pour mériter de La Bruyère une de ces louanges dont La Bruyère était sobre et que la réserve du fin critique tempérait au besoin par un blâme sévère : « Marot, dit-il, par son » tour et par son style semble avoir écrit depuis » Ronsard : il n'y a guère entre ce premier et nous, » que la différence de quelques mots ; » et un peu

près du Capitole, et que les gémonies succèdent à
l'apothéose.

VI.

LES PREMIERS GERMES DU PRÉCIEUX.

L'extrême indulgence des contemporains contribua pour une bonne part à l'excessive rigueur
de la postérité.

De nos jours, un critique, excellent, plus prodigue de bienveillance que de louanges, M. Désiré
Nisard, dans ses conclusions sur Ronsard et son
école, appelle l'astre de la Pléiade, « un poëte
» équivoque, placé entre les petites perfections de
» Marot, et la haute poésie de Malherbe» ; il adoucit néanmoins, à son tour, la sévérité du juge, en
reconnaissant à cet astre, « une influence qu'il sera
» toujours juste d'apprécier et utile d'étudier. »

Ces conclusions, que je me rappelais, m'ont invité à relire toute la partie de l'ouvrage où Ronsard
est apprécié ; j'y ai trouvé des réflexions sur Mellin de St-Gelais, et, sur la société du temps, des
traits, qui m'ont fait songer au genre *précieux* ;
quelques mots, il me semble, vous diront pourquoi.
A l'époque où Ronsard concevait l'idée de réformer la langue poétique, le souvenir de nos expéditions au-delà des Pyrénées et des Alpes mettait
en vogue l'imitation espagnole, exagérée dans les
peintures chevaleresques, et l'imitation italienne,
outrée dans les raffinements de l'esprit. Des pièces
fugitives charmaient les réunions élégantes ; ces
pièces avaient pour sujet, un miroir, une guitare,
une paire de gants, une poudre de toilette ; on attachait ces menus chefs-d'œuvre aux pattes des

petits oiseaux d'agrément; et, les agiles messa-
gers de tel ou tel rival de Mellin de St-Gelais vole-
tant parmi les dames, éparpillant des billets de *ten-
dre*, semaient les premiers germes du *précieux*, un
demi-siècle avant l'hôtel de Rambouillet.

VII.

LA RENAISSANCE AU XVIme SIÈCLE.

Eloigné de ces frivolités, Ronsard songeait à re-
nouer la chaîne de la tradition gréco-latine. Des
rapports continuels entre les érudits de toutes les
contrées de l'Europe s'établissaient alors par la
langue des *Cicéroniens;* Erasme laissait à Paris
comme à Bologne, à Cambridge, à Bâle, le goût
du profond savoir; G. Budée, appelé par Erasme
le *prodige de la France*, y propageait l'étude de la
langue grecque, et obtenait à cet égard plus que
l'assentiment de François Ier; J. C. Scaliger, que
son fils devait surpasser, publiait des recherches
Sur les causes de la langue latine; Robert Etienne
éditait son *Trésor*, en attendant celui de Henri, et,
tandis que ces grands érudits semblaient, comme
on l'a dit éloquemment, écrire d'une main et im-
primer de l'autre, Turnèbe enseignait les deux
langues anciennes au Collége de France, où les
ouvriers travaillaient encore.

La Renaissance était dans l'érudition; elle était
aussi dans les arts. Les libéralités de François Ier,
au moins rivales de celles des Médicis, avaient at-
tiré des maîtres d'Italie en France, et valu des pages de peinture à nos musées, des pages sublimes,
par Léonard de Vinci et Raphaël; le château de
Fontainebleau recevait les sculptures de Benvenuto

Enfin, comme dernier caractère, commun aux trois époques, et relatif aux transformations de l'art architectonique : au IXme siècle, naît l'architecture romane, au XIme, l'ogivale ; et, en dernier lieu, celle à laquelle la Renaissance a donné son nom.

La première Renaissance est la mère des deux autres : le mouvement imprimé au IXme siècle s'est prolongé jusqu'au XIIme, bien qu'au millénaire terrible, devant la peur de la fin du monde, ce mouvement ait paru s'éteindre ; et, par une filiation véritable, depuis le XIIme siècle, jusqu'à nos jours, le progrès a toujours été sensible et continu.

M. J. J. Ampère regarde Charlemagne comme l'ancêtre de notre civilisation, et il se résume lui-même, en ces termes : « ... S'il y a eu au moyen-» âge une école de Paris, célèbre dans toute l'Eu-» rope, s'il y a eu des siècles glorieux pour les let-» tres françaises, comme le XVIme, le XVIIme, le XVIIIme » ; s'il y a aujourd'hui des musées, des » bibliothèques et des chaires, nous le devons, au » moins en grande partie, à Charlemagne. »

Permettez-moi d'ajouter un mot à cette fin du chapitre, c'est que, s'il en est ainsi, l'Université n'a pas eu tort de prendre Charlemagne pour patron.

IX.

LES ÉTUDES DE RONSARD.

Les études sont le gage du progrès. Pour diriger le progrès dans le sens de la poésie, Ronsard n'avait pas une connaissance suffisante de l'antiquité.

L'année où Marot disparaît de la scène du monde, en 1544, Ronsard a de 18 à 19 ans, et il n'a

encore passé que six mois au collége de Navarre.
Il se décide à commencer ses études, à l'âge où
d'ordinaire on les termine. Il entre au collége de
Coqueret, dirigé par le savant Daurat, que, par re-
connaissance, il admettra un jour, à titre honoraire,
dans sa Pléiade. Il a pour condisciples, Baïf, Remi
Belleau, deux futurs ornements de cette Pléiade,
et Muret, qui devait compter Montaigne au nombre
de ses disciples, à Bordeaux.

Le travail du jour ne suffisait pas au zèle de
Ronsard ; écoutons le témoignage de son biogra-
phe : « Ronsard avait l'habitude de veiller tard ,
» demeurant à l'étude sur les livres, jusqu'à deux
» ou trois heures après minuit, et, en se couchant,
» il réveillait le jeune Baïf. »

Baïf recevait le flambeau de la main de Ronsard,
comme on se le passait en courant sans le laisser
s'éteindre dans ce jeu symbolique de la vénérable
antiquité, où Lucrèce a vu l'image de la transmis-
sion de la vie et de la chaîne des êtres. L'étude est
la vie par excellence : au flambeau qu'elle allume
s'entretient le feu sacré.

Debout au premier appel, Baïf allait prendre
place devant le pupitre, lisait la page humide encore, et continuait les recherches commencées.
Noble émulation de la jeunesse, admirable accord
de l'étude et de l'amitié.

X.

LE MANIFESTE DE JOACHIM DU BELLAY.
— LA PLÉIADE.

Quand Ronsard sortit du collége, avec un calque
de Pindare, comme Démosthène, de sa retraite

avec des copies de Thucydide, il était déjà connu dans le monde, grand écolier de vingt-cinq ans, par des essais sur le *Prométhée* d'Eschyle, par une traduction du *Plutus* d'Aristophane.

Pendant un voyage à Poitiers, il rencontre un jeune étudiant en droit, grand admirateur des anciens, vrai champion de la renaissance, Joachim du Bellay. Ces deux jeunes gens s'entendent, font alliance, et se jurent d'effacer Marot, malgré l'*Art poétique* de Thomas Sebilet, qui secondait l'école marotique. Ronsard espérait-il, pour l'école qu'il allait fonder lui-même, l'appui d'un nouvel *Art poétique*, donné en effet par Vauquelin de la Fresnaye? Assurément il ne prévoyait pas le troisième, celui de Boileau consacrant l'école de Malherbe!

Cependant Joachim du Bellay lance un *manifeste* portant le titre pompeux de *Défense et illustration de la langue française*, développant des idées justes, et se terminant par une exhortation héroïque :

« Français, marchez courageusement vers cette
» superbe cité romaine...(n'eût-il pas suffi de dire :
» marchez Français?—courageusement est un pléo-
» nasme);—«donnez en cette Grèce menteresse,et
» y semez encore un coup la fameuse nation des
» Gallo-Grecs. Pillez-moi les sacrés trésors de ce
» temple delphique.... » *Pillez* : ce mot dit tout ;
on confondait le pillage aveugle avec l'imitation intelligente : on allait devenir *esclave* en se croyant maître. Ce fut la pensée de La Fontaine :

Certains imitateurs, sot bétail, je l'avoue,
Suivent en vrais moutons, le pasteur de Mantoue ;
J'en use d'autre sorte, et me laissant guider,
Souvent à marcher seul j'ose me hasarder ;

On me verra toujours pratiquer cet usage ;
Mon imitation n'est point un *esclavage* ;
Je ne prends que l'idée, et les tours et les lois
Que nos maîtres suivaient eux-mêmes autrefois;
Si d'ailleurs quelque endroit plein chez eux d'excellence
Peut entrer dans mes vers sans nulle violence,
Je l'y transporte, et veux qu'il n'ait rien d'affecté,
Tâchant de rendre mien cet air d'antiquité.

On gourmandait, dans le *Manifeste,* l'indolence des poëtes du jour, on s'écriait: « Ne te fie point aux » exemples de ceux des nôtres qui ont acquis une » grande renommée avec peu ou point de science... » Qui veut voler par la bouche des hommes doit » longuement demeurer dans sa chambre, et qui » désire vivre dans leur mémoire, doit... endurer » de longues veilles ; ce sont les ailes dont les écrits » des hommes volent au ciel.» L'auteur de *l'Eloge de d'Aguesseau,* Thomas, se souvenait-il de ces paroles, quand il disait que pour laisser des ouvrages dignes de l'admiration des hommes, il fallait, pour ainsi dire, s'exiler du monde ; et J. B. Rousseau venait-il de les lire, lorsque dans l'*ode au comte du Luc,* il parlait — des veilles, des travaux, — et décrivait

.... ces ailes de feu qui ravissent une âme
Au céleste séjour ?

Le *Manifeste* recommandait la lecture des modèles grecs et latins, et animait ainsi le conseil: « laisse-moi... rondeaux, ballades, virelais.... ; » compose des... élégies, des églogues... ; rem- » place les chansons, par les odes, les coq-à-l'âne » par les satires, les farces et les mystères par » les comédies et les tragédies... fais renaître au » monde une admirable Iliade, ou une laborieuse » Enéide. »

Ce manifeste est pour la poésie le signal de la renaissance. Baïf, Remi-Belleau, Jodelle, Pontus de Thyard, Amadis Jamyn se groupent avec du Bellay autour de Ronsard : la Pléïade est formée. D'autres y entreront par surcroît, pour la variété. Ce sera une *Brigade*, la *Brigade* - Ronsard· Quel zèle enflamme ces jeunes esprits ! Que de mots latins et grecs, que de termes de patois et de métiers entassera leur activité inquiète ! Quelle témérité ; mais aussi quel élan ! Voilà bien la jeunesse, âge chevaleresque de la vie ! Depuis trente-cinq ans que j'enseigne, je la connais, avec ses instincts généreux et sa fougue de renouveau.

Mais nos jeunes poëtes iront trop vite et trop loin. Ils frapperont plus fort que juste. Ils ne parleront pas si bien en vers qu'en prose. Ronsard embouchera la trompette héroïque , mais il se perdra dans les origines de son Francus; il ne donnera de l'ode que le nom; il fredonnera des idylles, et ne chantera que dans l'élégie. Du Bellay mourra jeune, laissant une gracieuse villanelle, et le beau mot de *patrie*. Baïf aura quelques éclairs, mais il deviendra lourd. Pontus de Thyard passera aux sciences.. et aux bénéfices. Amadis Jamyn ne sera guère qu'un reflet du maître. Jodelle ne dessinera que des fantômes de tragédie et de comédie; toutefois *le gentil Belleau* fera vivre *Avril*, comme Ronsard, *le Bocage*.

XI.

DURÉE DE LA RÉPUTATION DE RONSARD.

Une auréole de gloire entoura longtemps le maître. François Ier avait encouragé ses débuts;

Henri II et François II le comblèrent de largesses; Charles IX, sans lui adresser les vers que l'on a souvent, mais à tort, attribués à ce roi, puisqu'ils ne sont qu'un pastiche imaginé au XVIIIe siècle, et, au contraire pour en avoir reçu, dès son enfance, de Ronsard, avec des conseils mieux donnés que suivis, le traita comme un familier de sa maison; et Henri III, auquel est dédié le *Bocage*, eut encore quelque bienveillance pour le poëte vieillissant.

Ronsard, si fort attaqué au siècle des lettres, est encore, en ce même siècle, le représentant de la Pléïade poétique, dont la mémoire est la plus vénérée. Dans son roman de *Clélie*, qu'elle donna en 1656, Mlle de Scudéry prête un songe à Hésiode, et, à la Muse qui se montre devant Hésiode, le langage suivant : « Regarde le prince des poë-
» tes français : il sera beau, bien fait, et de bonne
» mine ; il s'appellera Ronsard ;... il sera extraor-
» dinairement estimé et méritera de l'être en son
» temps. Il sera même assez savant ; mais, com-
» me il sera le premier en France qui entrepren-
» dra de vouloir faire de beaux vers, il ne pourra
» donner à ses ouvrages la perfection nécessaire
» pour être loués longtemps. On connaîtra pour-
» tant bien toujours par quelques-uns de ses hym-
» nes, que la nature lui aura beaucoup donné, et
» qu'il aura mérité sa réputation. »

Si Mlle de Scudéry, témoin de toutes les merveilles du grand siècle, avait relu ce songe dans la suite, elle aurait pu le continuer, et rendre aussi aux poëtes de son temps un hommage mérité. Comme c'est elle qui est la muse du songe, et que d'ailleurs elle était décorée du titre de

Citons encore de Ronsard, ce vœu mélancolique
et pourtant gracieux, comme l'aurore souriant à
des tombeaux :

> Quand le ciel et mon heure
> Jugeront que je meure,
> Ravi du beau séjour
>   Du commun jour ;
>
> Je défends qu'on me rompe
> Le marbre pour la pompe
> De vouloir mon tombeau
>   Bâtir plus beau.
>
> Mais bien je veux qu'un arbre
> M'ombrage au lieu d'un marbre,
> Arbre qui soit couvert
>   Toujours de vert.

Ainsi, Jacques Delille :

> Du poids d'un monument ne chargez pas mon ombre ;

et Casimir Delavigne :

> Je ne veux pour tombeau que ces gazons épais ;

et notre Alfred de Musset, — c'est son épitaphe,
son vœu exaucé :

> Mes chers amis, quand je mourrai,
> Plantez un saule au cimetière,
> J'aime son feuillage éploré,

La pâleur m'en est douce et chère,
Et son ombre sera légère
A la terre où je dormirai (1).

---

(1) LE TOMBEAU D'ALFREF DE MUSSET.

A travers les cyprès, un soleil doux rayonne,
La fauvette gazouille et l'abeille bourdonne.
Ce marbre qui respire au jardin de la mort,
Ce sont les nobles traits du poëte qui dort.
De son *Alpha* riant à son *Oméga* sombre,
Les printemps furent cours, les chefs-d'œuvre sans nombre ;
Mardoche, Namouna, le *Caprice,* les *Nuits...*
Tant d'autres ! — Vers la dalle où vivent ses ennuis,
Un saule, frêle enfant de la rive étrangère,
Incline le tribut de son ombre légère,
Tressaille au moindre souffle, et gémit éploré
Sur l'*être* de Platon, *ailé, léger, sacré,*
Dont l'essor généreux, même en sa fantaisie,
Des immortels sommets rapportait l'ambroisie.

. . . .

Hors des sentiers battus, la source de cristal
Lui gardait la couronne au fleuron virginal
Que la muse promet à celui qui, sans crainte,
Du thyrse impétueux ressent la vive atteinte.
« Le poëte est au ciel, et lorsqu'en vous poussant,
» Il vous y fait monter, c'est qu'il en redescend. »

. . . .

Heureux qui l'a connu, quand il touchait la terre,
Plus heureux qui repose en son coin solitaire,
S'il faut que l'on salue, au prix d'amers adieux,
En celui qui meurt jeune, un favori des dieux !

. . . .

L'oiseau chante, au matin, sur la branche fleurie,
Et, le reste du jour, traîne une aile meurtrie,
Ou sur des rocs aigus, par l'orage, emporté,
Change en cri de douleur son cri de liberté.
Mais tout blessé qu'il est, il brave la nuit noire :
Sa blessure guérit d'un regard de la gloire ;
Oui, de sa voix au monde il laisse un souvenir.
Fier et doux, il apprend aux fils de l'avenir
A répéter ce mot de la jeune Thébaine :
« Je m'unis à l'amour, et non pas à la haine. »
Salut, esprit charmant, vrai poëte français,
Tes chants viennent du cœur : ils ne mourront jamais.

A Paris, Septembre 1865.

XIV

RÉSUMÉ. — UN MOT SUR LA PROSE DE RONSARD.

J'ai tâché d'indiquer l'état de la poésie française à l'époque où parut Ronsard, le rôle de ce poëte novateur dans la Renaissance du XVIme siècle, les causes de ses illusions, l'engouement de ses contemporains, la sévérité de ses critiques, l'indulgence de ses appréciateurs.

Il avait été trop loué de son vivant pour n'être pas trop dénigré après sa mort.

C'est peut-être le contraire qu'aura vu notre siècle, à l'égard de prétendues innovations, plus raisonnables et plus utiles.

A l'heure présente, la vérité reste muette, mais la froideur de son silence est un jugement sans appel.

On raconte qu'à son retour d'un voyage en Ecosse, après une heureuse traversée, Ronsard essuya sur mer, ayant à sauver des actes de diplomatie, une tempête violente, et que le vaisseau qui le portait fit naufrage dans le port ; singulière image de sa destinée ! Que n'avait-il, comme le Camoëns une épopée, comme César des *Commentaires* à dérober aux flots !

Quelques lignes de la prose de Ronsard valent mieux que beaucoup de ses vers. Voici les conseils qu'il adresse au poëte, et même à chacun de nous : « Sur toutes choses, tu auras les Muses en singu-

» lière vénération, et ne les feras jamais servir à
» choses déshonnêtes, à risées, ni à libelles inju-
» rieux.

» Pour ce que les Muses ne veulent loger en
» une âme, si elle n'est bonne, tu seras de bonne
» nature, ni renfrogné, ni chagrin.

» Tu converseras doucement avec ceux de ton
» temps ; tu honoreras les plus vieux comme
» tes pères, tes pareils comme tes frères, les moin-
» dres comme tes enfants. »

Cette prose nous rapproche de Montaigne ; et ce
n'est déjà plus une *nébuleuse*, c'est presque une
étoile de première grandeur que nous considérons
dans le ciel de la gloire.

Périgueux. Impr. J. Bounet, cours Michel-Montaigne, 24.

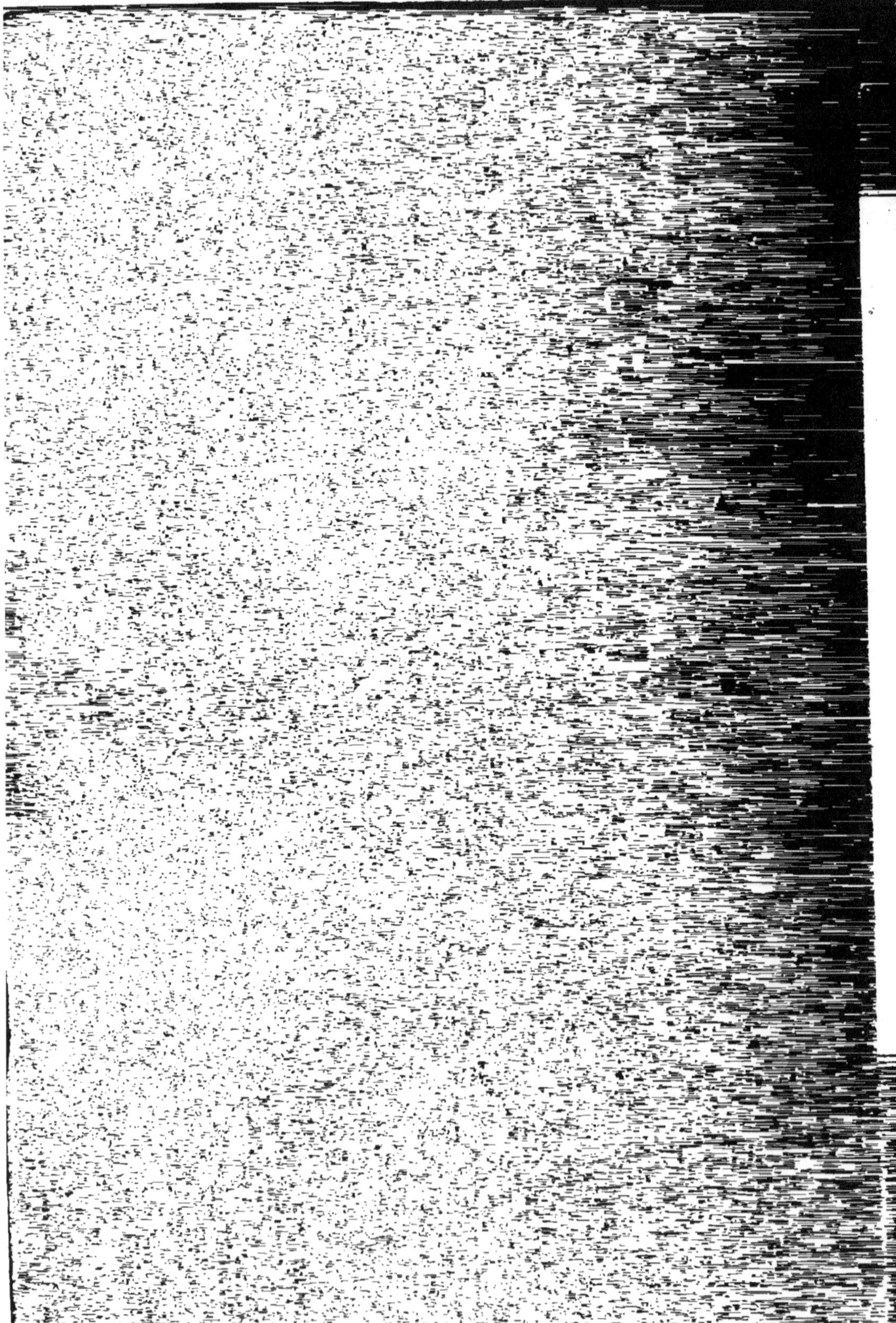